AF257330

DÉBARQUEMENT

DU

COMTE DE SALDANHA

DANS L'ILE TERCEIRA

EMPÊCHÉ

PAR LA MARINE ANGLAISE.

IMPRIMÉ CHEZ PAUL RENOUARD,
RUE GARENCIÈRE, N° 5.

DÉBARQUEMENT

DU

COMTE DE SALDANHA

DANS L'ILE TERCEIRA

EMPÊCHÉ

PAR LA MARINE ANGLAISE.

TRADUIT DU PORTUGAIS.

La force était son droit.

HELV....

PARIS.

CHEZ MADAME GOULLET, LIBRAIRE,

GALERIE DELORME, N° 28.

ET LES MARCHANDS DE NOUVEAUTÉS.

MARS 1829.

AVANT-PROPOS.

Les faits exposés dans les documens suivans ne peuvent manquer d'exciter la plus vive indignation contre le cabinet britannique, pour le nouvel attentat qu'il vient de commettre au mépris du droit des gens. Jusqu'ici, l'Angleterre n'avait violé ce droit qu'envers des nations rivales ou des états dont elle croyait avoir quelque chose à redouter : maintenant c'est son allié le plus ancien qu'elle traite en ennemi. La postérité aura de la peine à ajouter foi à ce nouveau trait de la plus infernale politique; il offre la preuve la moins équivoque de la connivence du cabinet anglais avec le plus odieux des tyrans et le plus méprisable des usurpateurs. Parga livrée au féroce Aly peut à peine être comparée à l'agression de Terceira, et il faut avouer que Wellington, en sacrifiant la nation portugaise à don Miguel, et en foudroyant les sujets fidèles de dona Maria, a surpassé de beaucoup Pitt et Castlereagh.

Cet évènement, qui imprimera une tache ineffaçable à l'Angleterre, n'est qu'une scène du drame dans lequel l'infant don Miguel joue un rôle important, et ne peut s'expliquer qu'en jetant un coup-d'œil sur la conduite que l'Angleterre a tenue envers la malheureuse nation portugaise depuis le moment où les cabinets ligués contre la Charte et don Pedro résolurent de placer son frère sur le trône de Portugal.

La Charte portugaise inquiétait peu l'Angleterre, mais elle déplaisait à l'Autriche, à l'Espagne et au parti apostolique en France; le ministère anglais, voulant se concilier ces puissans auxiliaires, leur abandonna la Charte portugaise : dès-lors on mit tout en œuvre pour affaiblir en Portugal le parti constitutionnel, afin d'ôter tout obstacle à l'établissement de don Miguel. Pendant que sir W. A'Court dirigeait la Régente au gré de l'Angleterre et au moyen des agens dociles qu'il maintenait dans le ministère portugais, les diplomates des cours alliées arrachaient à don Pedro la nomination de son frère en qualité de régent du Portugal; plus tard, ils le portèrent à signer son abdication définitive à ce trône, et lui persuadèrent d'envoyer la jeune reine en Autriche, pour être élevée à la cour de l'empereur son aïeul. L'œuvre paraissait consommée : Miguel était maître du Portugal sous le titre de régent; la Charte allait être renversée, et la souveraine légitime, pendant sa minorité, ne pouvait rien faire pour défendre ses droits et des institutions que la ruse et la force auraient abolies. Cependant, Miguel, aussi fourbe qu'indocile, voulut être souverain et non régent : il leva le masque, et se fit proclamer roi, d'abord par la canaille, et ensuite par les chefs du parti absolutiste. Il refusa d'épouser sa nièce, et traita son frère de la manière la plus insultante. Ce fut un contre-temps pour les cabinets de Vienne et de Londres ; mais, décidés à maintenir don Miguel à tout prix, ils ne songèrent qu'à colorer son usurpation en le forçant à ce mariage, auquel il fallait faire consentir don Pedro. Dans ce but, le cabinet britannique envoya lord Strangford à Rio-Janeiro. Mais, en attendant la réussite de leurs plans, il fallait soutenir don Miguel sur le trône, et le garantir des efforts des constitutionnels, car le triomphe de la légitimité en Portugal, s'il était obtenu par l'élan patriotique de la nation, ne pouvait qu'être funeste aux absolutistes, puisque le rétablissement de la Charte devait en être la suite inévitable. Sur ces entrefaites, Porto se soulève, la moitié de l'armée se prononce hautement contre l'usurpateur, s'avance au-delà de Coïmbre, et elle allait renverser le tyran et s'emparer de Lisbonne; mais l'intrigue et la perfidie vinrent au secours de don Miguel, qui eut le temps de réunir ses moyens de défense et d'attaquer à son tour l'armée constitutionnelle; elle fut réduite à chercher un asile en Angleterre, après avoir essuyé les plus mauvais traitemens de la part des autorités espagnoles de la Galice.

Cependant, lord Wellington s'était empressé de reconnaître le blocus de Porto et de Madère; et cette île si riche, qui s'était déclarée pour dona Maria, tomba au pouvoir de l'usurpateur, et fut livrée au pillage. Toutefois le cabinet anglais ne fut pas encore satisfait; il ne se borna plus à reconnaître les blocus, il les fit lui-même pour le compte de don Miguel.

L'île Terceira, malgré l'abandon où le marquis de Palmella l'avait laissée pendant plusieurs mois, tenait encore, et avait repoussé les tentatives de l'escadre de don Miguel ; mais la garnison est faible, et une nouvelle expédition se prépare à Lisbonne pour aller réduire cette poignée de braves et les livrer aux vengeances atroces de l'usurpateur ; des renforts envoyés promptement peuvent seuls sauver la garnison : il faut donc s'opposer à leur débarquement. Wellington ne perd pas de temps ; averti par M. de Palmella que le comte de Saldanha va partir de Plymouth avec cinq cents hommes pour débarquer à Terceira, il envoie des frégates croiser devant l'île ; les vaisseaux anglais canonnent ces Portugais désarmés, les éloignent du rivage hospitalier, et les escortent au loin pour les empêcher de revenir au port, où leurs frères les attendaient avec empressement.

C'est ainsi que le cabinet anglais s'arroge le droit de bloquer des ports amis, et d'empêcher des Portugais d'aborder là où est établie l'autorité légitime de leur reine, que Georges IV fête à sa cour, et qu'il nomme sa fidèle alliée !

Les proscrits du duc de Wellington sont venus demander un asile à la France ; ils y ont trouvé les secours et la protection que l'Angleterre leur a refusés. Ils ont été accueillis à Brest avec la bienveillance la plus marquée, par les autorités et les habitans, et S. M. Charles X a daigné leur accorder des secours généreux. Il est digne de la France de répudier des exemples donnés au monde par un gouvernement que désavoue la saine partie de la nation anglaise, par un gouvernement qui voudrait priver à jamais les peuples étrangers des bienfaits de la liberté, afin de les tenir plus aisément sous le joug. La nation portugaise n'oubliera jamais l'accueil fait en France à ces victimes de la perfidie anglaise, et peut-être un jour l'orgueilleuse Albion se repentira d'avoir montré tant d'ingratitude envers un peuple à qui elle a dû en grande partie les succès militaires de ses armées dans la guerre de la Péninsule. Depuis plus d'un siècle, l'Angleterre opprime le Portugal ; en ce moment elle semble vouloir l'anéantir.

DEBARQUEMENT

DU

COMTE DE SALDANHA

DANS L'ILE TERCEIRA

EMPÊCHÉ

PAR LA MARINE ANGLAISE.

CORRESPONDANCE

Qui eut lieu entre le général comte de Saldanha et le commodore W. Walpole dans le port de la ville de Praia, et dans les mers comprises entre les 38 et 44 degrés de latitude nord, depuis le 16 jusqu'au 24 janvier 1829; traduite du portugais.

PREMIÈRE LETTRE DU COMMODORE AU COMTE DE SALDANHA.

A bord du vaisseau de S. M. *le Ranger*, dans le port de Praia, le 16 janvier 1829.

Monsieur, je vous prie de vouloir bien me faire connaître le motif de votre arrivée dans ce port, avec les forces que vous avez sous vos ordres.

J'ai l'honneur d'être, monsieur, votre humble et obéissant serviteur,

W. WALPOLE, *capitaine.*

A l'officier commandant les troupes embarquées.

RÉPONSE DU COMTE DE SALDANHA AU COMMODORE.

Port de la ville de Praia, à bord du brick
la Suzanne, le 16 janvier 1829.

Monsieur, mon arrivée dans ce port a pour but d'exécuter les ordres de S. M. T. F. la reine de Portugal, qui m'a commandé de conduire à l'île Terceira, sans armes et sans aucun apprêt hostile, les Portugais embarqués sur les quatre transports qui sont en vue de cette île, laquelle n'a jamais cessé de reconnaître pour sa légitime souveraine la reine dona Maria II, et de lui obéir. Comme sujet fidèle et comme militaire, je crois nécessaire de vous prévenir que je suis déterminé à remplir mon devoir à tous risques et périls.

Comte de SALDANHA.

*Au capitaine W. Walpole, commandant le vaisseau de
S. M. B.* le Ranger.

DEUXIÈME LETTRE DU COMMODORE WALPOLE AU COMTE DE SALDANHA.

A bord du vaisseau de S. M. B. *le Ranger*, dans le
port de la ville de Praia, le 16 janvier 1829.

Monsieur, j'accuse réception de votre lettre datée d'aujourd'hui, et je dois vous informer que j'ai aussi un devoir impérieux à remplir, et, qu'en conséquence des instructions de mon gouvernement, je ne puis consentir à ce que vous ou aucune partie des forces que vous commandez débarquiez en cette île ou dans aucune des Açores. Je desire donc que vous ne tentiez pas un débarquement, ou je serai obligé d'employer les forces qui sont sous mes ordres pour l'empêcher. C'est pourquoi je vous somme de ne pas demeurer plus long-temps dans ces parages, après que vous aurez reçu cette intimation.

J'ai l'honneur d'être, monsieur, votre humble et obéissant serviteur,

W. WALPOLE, *capitaine.*

Au comte de Saldanha.

RÉPONSE DU COMTE DE SALDANHA AU COMMODORE.

Monsieur, l'impérieux devoir que vous avez à remplir ne peut être qu'un ordre de S. M. B. votre souverain : les ordres et instructions que j'ai à suivre sont exactement de la même nature ; c'est aussi ma souveraine qui m'a formellement ordonné de débarquer à Terceira. Je suis déterminé à remplir mon devoir et disposé à perdre la vie et à voir périr le dernier des soldats de S. M. T. F., plutôt que de trahir mes devoirs. Nous sommes à bord de navires neutres, sans armes, nous reposant uniquement sur le droit des gens ; nous abordons une partie des états portugais qui n'a jamais obéi à l'usurpateur, et qui, au contraire, a constamment reconnu la souveraineté de S. M. T. F. la reine dona Maria II. Je suis donc décidé, je le répète, à voir le dernier de mes camarades succomber plutôt que de manquer à mon devoir. Le sang des plus anciens alliés de S. M. B. a déjà été répandu ; *un homme a été tué, et un autre grièvement blessé à bord de ce navire :* le sang peut encore couler ; vous pouvez diriger encore votre feu contre nous ; vous pouvez nous couler, mais soyez persuadé qu'autant qu'il sera en moi et tant que je ne serai pas votre prisonnier (et remarquez bien, monsieur, que ceci se passe sous le canon de la ville de Praia) je ne négligerai rien pour remplir mon devoir impérieux. Permettez-moi, monsieur, de vous faire remarquer que vous allez employer votre artillerie contre cinq cents portugais désarmés et à bord de transports anglais et russes ! L'Europe et surtout votre propre patrie, seront encore plus étonnées de cette agression que les sujets même de S. M. T. F. Permettez-moi encore de vous faire observer que nous ne sommes pas venus pour attaquer ni pour commettre aucun acte d'hostilité ; nous sommes venus entièrement désarmés nous réunir à nos frères sur une terre qui n'a jamais obéi à l'usurpateur, et qui, au contraire, a toujours reconnu l'autorité légitime de la reine ma souveraine. Je dois vous déclarer aussi que nous manquons de provisions, et que quand même mon devoir me permettrait de changer de destination , jaurai besoin de me procurer des vivres. Vous avez donc deux moyens assurés de nous détruire ; mais le monde entier verra avec étonnement, et les Portugais avec une douleur inexprimable , diriger contre eux et employer pour les détruire (sans motif, sans raison, dans la plus profonde paix, et quand S. M. T. F. vient d'être reçue au château de Windsor par S. M. Georges IV, comme reine légitime de Portugal) ces mêmes armes qui tant de fois ont combattu avec eux l'ennemi commun dans tant de batailles glorieuses. Quelle que soit votre résolution, je vous déclare que je vais rédiger une protestation la plus solennelle, qui sera publiée par celui des Portugais qui me survivra.

Comte de SALDANHA.

Au commodore Walpole commandant les vaisseaux de S. M. B.
devant la ville de Praia.

N. B. Le commodore Walpole ne répondit pas par écrit à cette lettre, mais envoya répéter verbalement ses sommations au comte de Saldanha, par le capitaine Radford du vaisseau de S. M. B. *le Nimrod.*

RÉPONSE DU COMTE DE SALDANHA A LA SOMMATION VERBALE DU COMMODORE WALPOLE.

A bord du brick *la Suzanne,* dans le port de Praia, le 16 janvier 1829.

En conséquence des communications verbales qui m'ont été

faites par le capitaine Radford, il me reste à ajouter au contenu de mes autres lettres officielles, que je me regarde comme
votre prisonnier et que je suivrai votre vaisseau partout où
il vous plaira de nous conduire ; mais je vous déclare de nouveau que je n'ai ni provisions ni eau.

Comte de SALDANHA.

Au commodore Walpole.

RÉPONSE DU COMTE DE SALDANHA A UNE AUTRE SOMMATION VER-
BALE DU CAPITAINE WALPOLE.

A bord du brick *la Suzanne*, dans 'e port de la
ville de Praia , le 16 janvier 1829.

Monsieur, je suis extrêmement fâché que vous n'ayiez ré-
pondu que verbalement à mes lettres : le capitaine Radford vient
de me communiquer vos ordres de faire voile immédiatement
dans la direction S.-O. mi-E. Si vous me regardez comme
votre prisonnier, je ferai ce que vous m'ordonnerez; mais j'exige
que vous me fournissiez des provisions et de l'eau, et que vous
me donniez par écrit l'ordre de vous suivre, car je suis respon-
sable de ma conduite, et je crois avoir droit d'attendre des réponses par écrit d'un officier de la marine anglaise. S'il m'avait
été impossible, par quelque autre motif, de débarquer à Terceira, mon intention était de me rendre en France ou en Angleterre. La sommation que vous me faites vous-même, à l'instant,
de votre bord, ne me donne pas le temps de vous en écrire
davantage ni de vous envoyer la protestation que je suis à rédiger.

Comte de SALDANHA.

*Au commodore W. Walpole , commandant les vaisseaux de
S. M. B. près de la ville de Praia.*

TROISIÈME LETTRE DU COMMODORE AU COMTE DE SALDANHA.

A bord du vaisseau de S. M. B. *le Ranger,*
le 16 janvier 1829.

Monsieur, en conséquence de votre réponse verbale à ma dernière communication, il ne me reste plus qu'à vous faire savoir que si vous ne mettez pas à la voile avant trois heures de l'après-midi, et que vous n'abandonniez pas le voisinage de ces îles, je serai obligé et je suis déterminé à employer la force pour vous y contraindre.

J'ai l'honneur d'être, monsieur, votre obéissant serviteur,

W. WALPOLE.

Au comte de Saldanha.

N. B. Cette lettre faisait allusion aux observations que le comte de Saldanha avait faites à la sommation du capitaine Radford.

QUATRIÈME LETTRE DU COMMODORE EN RÉPONSE A LA QUATRIÈME DU COMTE DE SALDANHA.

Ranger, le 16 janvier, à trois heures moins dix minutes de l'après-midi.

Monsieur, c'est afin d'éviter des délais que j'ai correspondu avec vous verbalement. Il ne me reste maintenant qu'à vous confirmer ce que je vous ai déjà fait savoir; vous êtes libre de vous diriger immédiatement vers la France, l'Angleterre ou vers tel autre pays qu'il vous plaira, pourvu que vous vous éloigniez de cette île et de celles des Açores.

J'ai l'honneur d'être votre humble et obéissant serviteur,

W. WALPOLE.

Au comte de Saldanha.

RÉPONSE DU COMTE DE SALDANHA AU COMMODORE.

A bord de la Suzanne, devant la ville
de Praia, le 16 janvier 1829.

Monsieur, je viens de recevoir votre lettre : vous ne me dites pas si vous me regardez comme prisonnier de guerre ou non. Vous répondez seulement à ce que je vous avais écrit en passant sur mes intentions, dans le cas où d'autres motifs m'auraient empêché de débarquer à Terceira ; cependant, si vous me regardez comme en liberté, il faut que j'exécute mes ordres, et si je ne suis pas libre, dans ce cas je vous répète ce que je vous ai communiqué dans mes lettres antérieures, et vous déclare que la force seule pourra m'empêcher de mettre à exécution les ordres de ma reine. Vous venez à l'instant même de faire feu sur nous ; et, malgré cela, je vous répète encore que, si je ne suis pas prisonnier de guerre, je vais suivre la route que m'indiquent mes instructions.

Comte de SALDANHA.

*Au commodore W. Walpole, commandant les vaisseaux de S. M. B.
vis-à-vis de la ville de Praia.*

N. B. Cette lettre fut portée à bord du *Ranger* par le comte de Saldanha lui-même.

CINQUIÈME LETTRE DU COMMODORE AU COMTE DE SALDANHA.

Ranger, dans les eaux de Terceira, le 16 janvier.

Monsieur, en réponse à votre dernière lettre expliquée par vous-même, je ne puis que vous renvoyer au contenu de mes premières intimations, et je dois vous assurer de nouveau positivement que, si vous persistez encore à rester dans le voisinage de ces îles, mon devoir, que j'ai la ferme résolution de remplir, m'ordonne de mettre à exécution les mesures dont vous avez déjà connaissance : c'est pourquoi je pense que vous jugerez à propos de quitter ces parages.

J'ai l'honneur d'être, monsieur, votre humble et obéissant serviteur,

W. WALPOLE.

Au comte de Saldanha.

LETTRE DU COMTE DE SALDANHA AU COMMODORE.

A bord de *la Suzanne*, à la voile, par les
39° 1' lat. nord, le 17 janvier.

Monsieur, d'après les communications officielles que je vous ai adressées hier, j'ai l'honneur de vous transmettre ci-joint l'état des sujets portugais embarqués sur les quatre transports que vous escortez. Le capitaine de ce bâtiment ne pouvant pas me dire positivement la raison pour laquelle vous avez fait feu plus d'une fois sur nous la nuit passée, quoiqu'il pense que c'est parce que nous avons ferlé les voiles de perroquet, je vous prie, pour éviter quelque nouveau malheur, de me mettre à même d'indiquer la route qu'on doit suivre; vous pouvez du reste être persuadé que l'ordre unique et général que j'ai donné, c'est de suivre la direction et les manœuvres de votre vaisseau. J'ai aussi l'honneur de vous transmettre, sous ce pli, la protestation que j'ai cru absolument nécessaire de faire, et dont il était question dans celle de mes lettres d'hier où je vous prévenais que j'étais occupé à la rédiger avec toute la promptitude possible.

J'ai l'honneur d'être votre humble et obéissant serviteur,

Comte de SALDANHA.

*Au commodore W. Walpole, commandant les vaisseaux de
S. M. B. dans les eaux du port de Praia.*

LETTRE DU COMTE DE SALDANHA AU COMMODORE.

A bord de *la Suzanne*, à la voile, le 19 janvier 1829.

Monsieur, les papiers ci-joints sont cachetés depuis le 17 au matin, mais la grosseur de la mer et la violence du vent m'ont empêché d'avoir l'honneur de vous les transmettre. Comme notre situation est encore plus critique depuis que la corvette *Nimrod* a cessé de naviguer en avant de nous le 17 à trois heures et demie de l'après-midi, et que vous avez de nouveau fait feu sur nous la nuit dernière, je vous prie, encore une fois, de vouloir bien m'adresser vos ordres.

J'ai l'honneur d'être, monsieur, votre humble et obéissant serviteur,

Comte de SALDANHA.

Au commodore W. Walpole.

SIXIÈME LETTRE DU COMMODORE AU COMTE DE SALDANHA.

A bord du vaisseau de S. M. B. *le Ranger*,
le 19 janvier 1829.

Monsieur, j'ai l'honneur de vous accuser réception de vos lettres et de votre paquet, et conformément à ce que je vous ai déjà exposé, je n'ai plus qu'une chose à vous dire, c'est que vous êtes libre d'aller où il vous plaira, pourvu que vous ne retourniez pas *aux îles occidentales ou aux Açores.* Quant aux coups de canon qui ont été tirés dans les occasions dont vous parlez, ce n'étaient que des signaux pour vous montrer la nécessité de tenir vos navires réunis, de même que les fusées que vous avez lancées pendant chacune de ces nuits; et *comme deux de vos navires paraissaient avoir changé leur route, je craignais qu'ils ne voulussent se séparer....* Votre protestation sera envoyée à mon gouvernement, par la première occasion, et, comme mon

2.

intention est de vous escorter *jusqu'à une certaine hauteur*, je vous prie de bien diriger votre route, et de tenir vos bâtimens réunis, et j'espère que votre traversée pour votre destination ne sera pas interrompue par aucune autre correspondance avec moi.

J'ai l'honneur d'être votre humble et obéissant serviteur,

W. WALPOLE.

Au comte de Saldanha.

————

SEPTIÈME LETTRE DU COMMODORE AU COMTE DE SALDANHA.

A bord du vaisseau de S. M. B. *le Ranger*,
le 24 janvier 1829.

Monsieur, je vous serai bien obligé de me faire savoir si votre intention est d'aller en Angleterre, parce que j'ai mes dépêches et celles du consul de Terceira à adresser au gouvernement anglais.

J'ai l'honneur d'être votre humble et obéissant serviteur,

W. WALPOLE.

Au général comte de Saldanha.

————

RÉPONSE DU COMTE DE SALDANHA AU COMMODORE.

A bord de *la Suzanne*, à la voile, le
24 janvier 1829.

Monsieur, votre demande me frappe d'étonnement. Quoi, monsieur! vous êtes venu à Terceira nous faire prisonniers; vous nous avez escortés pendant ces huit jours, vous m'avez empêché d'exécuter mes ordres, vous avez exposé la vie de tant de fidèles sujets du plus ancien allié de votre souverain; vous nous avez fait consommer nos modiques provisions; vous m'avez forcé à ne pas séparer mes bâtimens; vous avez exercé sur moi une autorité de conquérant, et après tout cela, vous me demandez où je vais? Je ne sais pas où je vais; mais ce que je sais bien, c'est que j'irai là où il vous plaira de me conduire, conformément à tout ce que je vous ai marqué dans mes précédentes lettres officielles.

J'ai l'honneur d'être votre humble et obéissant serviteur,

Comte de SALDANHA.

Au capitaine W. Walpole, commandant le navire de
S. M. B. le Ranger.

HUITIÈME LETTRE DU COMMODORE AU COMTE DE SALDANHA.

A bord du vaisseau de S. M. B. *le Ranger,*
en mer, le 24 janvier 1829.

Monsieur, j'ai été surpris et frappé d'étonnement de ce que vous me dites dans votre lettre que je reçois à l'instant, après vous avoir répété dans ma correspondance qu'il vous était permis de suivre votre route et votre destination. Je vous préviens maintenant que votre conduite me détermine à ne pas vous escorter davantage.

J'ai l'honneur d'être, monsieur, votre humble et obéissant serviteur,

W. WALPOLE.

Au comte de Saldanha.

N. B. Qu'on compare cette dernière lettre avec la sixième du même commodore dans laquelle il dit au comte de Saldanha : « *Vous êtes en liberté, mais vous ne pouvez retourner aux Açores* « *ni aux îles occidentales* » ! Vous êtes en liberté, mais je fais feu sur vos transports *pour qu'ils se réunissent sous mon artillerie!* Vous êtes en liberté, mais je fais feu sur vos transports, parce-que je ne veux pas qu'ils changent de route ou qu'ils se séparent! Vous êtes en liberté, mais la frégate *Ranger* ne vous quittera que quand et où je voudrai! Ce code de liberté maritime a été sans doute rédigé par les publicistes aux gages **du dey d'Alger**, ou plutôt par ceux à la solde de la Compagnie des Indes d'Angleterre. La liberté que le gouvernement britannique veut accorder aux Portugais est celle dont jouissent les Rajahs, les Nababs et les Cipayes dans les Indes Orientales. La nation portugaise, après avoir répandu son sang et épuisé ses ressources dans la guerre de la Péninsule contre Napoléon, reçoit aujourd'hui, en récompence des services rendus à l'Angleterre, l'inépte et féroce tyran Miguel, son protégé; et tandis qu'on accable de vains honneurs, à la cour de Georges IV, la reine légitime de Portugal, les vaisseaux anglais foudroient les sujets fidèles de cette souveraine, qui, repoussés du sol anglais, allaient chercher un asile dans une île qui n'a jamais reconnu l'autorité de l'usurpateur. Le cabinet de Saint-James appelle cette conduite *neutralité*; et le commodore Walpole ne fait que suivre le même vocabulaire, en donnant le nom de *liberté* à la violence la plus manifeste.

PROTESTATION.

Le seizième jour du mois de janvier mil huit cent vingt-neuf, à bord du brick anglais *la Suzanne*, sous le canon de la ville de Praia, dans l'île de Terceira, au moment où ce brick entrait au mouillage de ladite ville, accompagné par deux bricks également anglais, *la Minerve* et *la Lyre*, et par le brick russe *le Dauphin*, transports désarmés et sortis de Plymouth le 6 du susdit mois, ayant à leur bord le comte de Saldanha, le général Pizarro, plusieurs autres officiers, soldats, marins et bourgeois, qui, sans armes, sans munitions ni aucun apprêt hostile, se préparaient à descendre dans l'île Terceira, qui, comme eux, se conservait fidèle, reconnaissant pour sa légitime souveraine la reine dona Maria II de Portugal, *la Suzanne* et *la Lyre*, qui se trouvaient en avant des deux autres navires et près du rivage, furent attaquées subitement par deux frégates anglaises, qui, quelque temps auparavant, avaient arboré leurs pavillons sous le vent de ce port et des transports. Une d'elles, *le Ranger*, sous le commandement du commodore W. Walpole, mettant en travers, aussitôt qu'elle arriva à portée de canon, fit feu sur les bricks *la Lyre* et *la Suzanne*, qui, déjà dans le port et sous le canon des forts de la ville de *Praia*, travaillaient à jeter l'ancre.

Le feu perça *la Suzanne* en deux endroits, fracassa sa chaloupe, tua un soldat qui travaillait à la dégager, et blessa grièvement un bourgeois. Par suite de cet attentat inouï commis sur le rivage des domaines de la reine très fidèle dona Maria II, *la Suzanne* et les autres transports mirent en panne, et alors le commodore W. Walpole envoya à bord de *la Suzanne* un officier portant une lettre adressée au commandant des Portugais, lui demandant dans quel but il abordait dans l'île et venait dans ces parages. Le comte de Saldanha, à qui il appartenait de répondre, déclara qu'il avait l'ordre de sa légitime souveraine, dona Maria II, de conduire à l'île Terceira, gouvernée en son auguste nom, et occupée par ses troupes, une partie des Portugais qui étaient passés volontairement en Angleterre, et qu'il exécuterait ses ordres à ses risques et périls. A cette réponse, le commodore W. Walpole répliqua par une autre lettre, annonçant qu'il avait l'ordre positif de son gouvernement de nous empêcher de débarquer dans aucune des îles Açores, et qu'il emploierait au besoin les forces qu'il commandait, si nous voulions y aborder, insistant pour que nous nous en éloignassions. Moi, comte de Saldanha, je répondis de nouveau que, malgré cette intimation péremptoire, j'étais décidé à faire mon devoir et à exécuter les ordres de ma souveraine, et que je ne me désisterais de mon projet de débarquer dans le port, où je suis entré sans avoir rencontré aucun obstacle en pleine mer, que lorsque le commodore W. Walpole nous aurait déclarés prisonniers de guerre, ou qu'il aurait fait couler à fond les transports neutres et désarmés que je commandais, et j'invoquais, à

l'appui de ma détermination, le droit des gens, la foi des traités
et les relations de paix et d'amitié existans entre S. M. T. F. et
S. M. B. L'officier anglais, porteur de la seconde intimation du
commodore Walpole, crut ne devoir pas attendre que je misse
cette réponse par écrit; mais ayant communiqué à son chef quel-
ques-unes de mes réflexions, celui-ci m'envoya le capitaine Radford à bord de *la Suzanne*, avec une troisième intimation, portant que si *la Suzanne* et les navires qui l'accompagnaient ne
quittaient pas le port de Praia avant trois heures de l'après-midi,
il emploierait de nouveau la force pour se faire obéir. Je persistai
néanmoins par écrit dans ma première détermination, ajoutant
que, d'après la sommation verbale du capitaine Radford et le lan-
gage hostile des lettres du commodore, je devais me regarder
comme prisonnier de guerre, et que dès-lors, je suivrais les forces
britanniques là où elles voudraient me conduire; mais je déclarai
en même temps que mes provisions en eau et en vivres étaient
insuffisantes pour un long voyage. Pendant que j'étais occupé à
écrire à la hâte au commodore pour défendre les droits de ma souveraine dans l'exécution de ses ordres, et pour témoigner au commodore combien j'étais fâché qu'il n'eût pas jugé à propos de
faire toujours ses réponses par écrit dans une circonstance si dé-
licate, si extraordinaire, et qui est peut-être unique dans l'his-
toire des nations civilisées, la frégate *le Ranger* s'approcha de *la
Suzanne*, et le commodore nous fit entendre en nous adressant
la parole à moi et au capitaine de *la Suzanne*, que nous eussions
à le suivre à l'instant même; toutefois et nonobstant l'agression
déplorable et sanguinaire que *la Suzanne* avait soufferte peu
d'heures auparavant, au moment de jeter l'ancre, j'envoyai le
capitaine Praça à bord du *Ranger*, avec une autre lettre, dans
laquelle, parmi d'autres considérations, je déclarai au commodore que cette même précipitation avec laquelle on m'avait fait
des intimations menaçantes m'empêchait de lui envoyer la protestation que j'étais à rédiger contre l'agression inouïe que des
Portugais venaient de souffrir *dans leurs propres ports, et dans
leurs mers*. J'eus alors une réponse par écrit du commodore, qui

se rejetait; quant à ses réponses verbales antérieures, sur la nécessité de ne pas perdre du temps, et de plus ajoutait aux intimations qu'il m'avait faites et répliquant à mes réflexions, que pourvu que je quittasse immédiatement les îles Açores, j'étais le maître de faire voile vers la France, l'Angleterre ou tel autre pays qui me plairait; mais le commodore omit, tant dans cette lettre, que dans ses réponses antérieures, de dire s'il nous regardait ou non comme prisonniers de guerre. Cette omission me portait à demander de nouvelles explications; mais que le ciel, la terre, les rois et les peuples sachent que, tandis que je mettais le plus grand empressement à écrire ma lettre, le canon du *Ranger*, frégate de S. M. B., commandée par le commodore W. Walpole, tonna de nouveau, et ses boulets passèrent au travers des gréemens de *la Suzanne*.

Et cependant tout ceci avait lieu dans un port appartenant à dona Maria II, reine de Portugal, l'allié le plus ancien du roi de la Grande-Bretagne.

Je fis alors mettre un canot à la mer, je m'y élançai, je fis cingler vers *le Ranger*, qui mit en panne pour me recevoir; je remis moi-même ma lettre terminée précipitamment; mais outre des attentions et des civilités de la part du commodore W. Walpole, qui paraissait affligé du devoir *pénible* et *fâcheux* qu'il était obligé de remplir, et du sang qui avait été répandu à bord de *la Suzanne*, je n'en pus obtenir, pour toute réponse, que de nouvelles intimations par écrit de quitter le port de Villa da Praia, et de nouvelles menaces d'employer la force si nous n'obéissions pas.

Je retournai alors à bord de *la Suzanne*; et je vis que les frégates avaient déjà pris position, l'une au vent, et l'autre sous le vent des transports, qui, par mon ordre, étaient restés en panne; position qui permettait aux frégates de nous couler à leur première bordée. Voyant alors qu'une plus longue résistance ne servirait qu'à sacrifier la vie des Portugais désarmés que ma souveraine m'avait confiés, et à exposer à de plus grandes insultes la nation que je représentais, me considérant comme pri-

sonnier de guerre au milieu des vaisseaux de S. M. B., j'ordonnai
aux transports de suivre les frégates. Les quatre transports na-
viguèrent donc en serrant le vent à la bouline babord amures,
autant que le leur permettait le vent qui était N.-N.-E., escortés
par les frégates, toutes deux au vent, et dont l'une se tenait en
avant, tandis que l'autre nous serrait de l'arrière.

C'est de la sorte que, sortis du port de Praia à quatre heures
de l'après-midi; nous naviguâmes jusqu'à huit heures du soir.
À cette heure, *la Suzanne* fut forcée, par un coup de vent, à
serrer la voile de perroquet, mais bientôt un coup de canon des
frégates nous avertit de la déployer de nouveau, ce que nous ne
fîmes pas sans quelque danger dans un tel navire : peu de temps
après, les frégates tirèrent aussi un coup de canon à *la Minerve*,
probablement pour le même motif; en sorte qu'il nous a fallu
suivre attentivement les mouvemens des frégates, pour éviter
le feu de leurs batteries. Les soussignés ne peuvent finir cette
protestation, sans répéter encore une fois que les transports
n'étaient plus en pleine mer quand ils ont été attaqués; que deux
d'entre eux étaient sur l'ancrage de la ville de Praia, en panne,
les câbles tendus, et travaillant à jeter leur ancre; que les deux
autres étaient dans les eaux du même port, où les deux frégates
anglaises ne les avaient pas empêché d'aborder; mais qu'elles
les ont arraché violemment d'un port portugais qui se trouvait
sous la protection de ses forts; qu'au moment où *la Suzanne*
virait de bord pour mouiller, le feu *du Ranger* tua un soldat
occupé à dégager la chaloupe, et blessa un passager. C'est
alors que nous fûmes arrachés du sol portugais, et rejetés violemment au milieu de l'Océan, au nom d'une puissance alliée et
amie, et traités comme des prisonniers de guerre. Déjà nos frères
nous tendaient les bras, et nous entendions les trompettes d'un
détachement de la garnison, qui, du rivage, les faisaient jouer
en signe de réjouissance. Nous étions si près de la ville de Praia,
que les Portugais à bord de *la Suzanne* engagèrent le comte
de Saldanha et le général Pizarro à débarquer dans le canot (la
chaloupe ayant été brisée par le feu du *Ranger*); mais ils refu-

sèrent, ne pouvant croire que des vaisseaux de guerre qui commettaient *de semblables hostilités dans ces parages fussent anglais,* et ne voulant point abandonner leurs frères d'armes.

A la vue de ces faits et d'autres circonstances aussi pénibles qu'aggravantes, que le défaut de temps ne nous permet pas de détailler, il ne peut plus rester de doute que le droit des gens a été *violé avec préméditation* par le gouvernement britannique, au préjudice manifeste et incalculable de *la souveraineté reconnue et incontestable de la reine très fidèle dona Maria II,* et de ceux de ses fidèles sujets qui, se reposant sur le droit public de l'Europe, sur la foi des traités existant entre les légitimes souverains du Portugal et de la Grande-Bretagne, et même sur la loi commune anglaise, étaient allés volontairement en Angleterre, pour y déposer le reste de leur fortune, non-seulement parce que c'était un royaume neutre, mais de plus notre allié et ami, qui a de tout temps reconnu les mêmes principes de légitimité que nous soutenons fidèlement; et cela, en abusant de la force, au mépris de la morale, de la foi publique et des droits méconnus, mais sacrés, en vertu desquels, il était permis à des Portugais sans armes et sans munitions de guerre, de se rendre à leur frais, risques et périls, sur des bâtimens neutres et désarmés à un point quelconque des états de la monarchie portugaise soumis à l'autorité de leur légitime reine dona Maria II de Portugal, et gouverné en son nom; circonstances qui se trouvaient pleinement et entièrement satisfaites à l'égard de l'île Terceira, capitale des Açores. Les soussignés, prenant le ciel à témoin au milieu de l'Océan, à la vue et sous le canon des frégates qui les ont faits prisonniers, protestent de la manière la plus solennelle au nom de leur souveraine, contre l'attentat *hostile et horrible* exécuté ce même jour contre eux, dans le port de la ville de Praia, appartenant à l'île Terceira, par le commodore W. Walpole, commandant les frégates de S. M. B. *le Ranger* et *le Nimrod*; ils protestent aussi et déclarent que, par suite de la même violence, ce commodore les a contraints à le suivre comme des prisonniers de guerre, et qu'ils ont été exposés au feu des forces anglaises qui tiraient sur eux chaque fois que le changement de vent les forçait à s'éloigner un peu de leur direction, et que les transports faisaient la moindre manœuvre aux voiles. En foi de quoi, les soussignés ont fait cette protestation solennelle, cejourd'hui 16 janvier 1829, à 10 heures du soir; écrite par moi JOAQUIM NOGUEIRA GANDRA, secrétaire du gouvernement militaire de Porto.

Suivent les signatures.

Comte de Saldanha. — Joaquim de Souza Quevedo Pizarro, brigadier général. — Baron de Sabrozo, colonel. — Rodrigo Pinto Pizarro, colonel d'état-major. — Joseph Joaquim Alves capitaine de vaisseau. — Joseph de Souza Pimentel et Faria, major commandant le 2ᵉ bataillon du 18ᵉ régiment d'infanterie. — François de Paula Barros Quadros, major de milices de Maya. — Manuel Joaquim Berredo Praça, capitaine aide-de-camp. — Leonel Tavares Cabral, député de la nation portugaise et délégué de la police à Coïmbre. — Le docteur Joaquim - Antoine d'Aguiar, professeur de droit à l'Université de Coïmbre et député de la nation portugaise. — Jean Antoine Lopes d'Andrade, major de milices. — Jean de Mondonça David, capitaine de cavalerie. — Gaspar Pinto de Magalhães Cardozo, capitaine d'artillerie. — D. Ferdinand - Xavier d'Almeida, capitaine au 10ᵉ de cavalerie. — Albino Pimenta d'Aguiar, capitaine au 12ᵉ de cavalerie. — Domingos Manuel Pereira de Barros, lieutenant au 5ᵉ de cavalerie. — Le père Antoine Gomes Lima, aumônier du bataillon des volontaires académiques de Coïmbre. — François Infante de Lacerda, lieutenant au 4ᵉ de cavalerie. — Joseph Pereira de Magalhaens, chirurgien au 12ᵉ de cavalerie. Joseph-Marie Christiano de Macedo, sous-lieutenant d'état-major de l'armée. — Joseph Gonçalves Barbosa Rangel, adjudant de milices. — Antoine Rodrigues, commissaire de l'armée. — Joaquim Nogueira Gandra, secrétaire du gouvernement

de Porto. — Antoine Xavier Pinto da Silva, volontaire acadé-
mique.—Ignace Joaquim, adjudant au 18ᵉ régiment.—Joseph
Bernard d'Oliveira, greffier et garde-magasin du commissariat.
— Antoine Bello Coutinho, garde-magasin de l'armée. —
D. Antoine Joseph de Mello, sous-lieutenant au 16ᵉ régiment
d'infanterie.

POST-SCRIPTUM.

Depuis que cet acte d'hostilité a été commis par la marine
anglaise contre dona Maria II, en la personne de ses fidèles
sujets, le blocus de Terceira a été levé par les Anglais, et le
capitaine Fitz-Clarence qui a succédé au commodore Walpôle
dans le commandement des forces britanniques dans ces parages,
a laissé débarquer plusieurs centaines de Portugais dans cette
île, et notamment ceux transportés par le navire des États-
Unis *le James Cropper*. Le capitaine Fitz-Clarence a fait sem-
blant d'être dupe de l'artifice du capitaine américain, mais le
fait est qu'il n'a point visité son bâtiment. Est-ce dans la crainte
de se compromettre avec les États-Unis, ou bien le blocus n'é-
tait-il dirigé que contre l'expédition commandée par le général
Saldanha ? L'une et l'autre de ces suppositions pourraient être
fondées; car si d'un côté, l'Angleterre a de fortes raisons pour
ne point se brouiller avec les États-Unis, d'un autre il est
évident, d'après la politique qu'elle a suivie depuis long-temps
envers le Portugal, que voulant continuer à tenir ce pays sous
sa tutelle, elle doit nécessairement s'opposer à tout ce qui
pourrait donner de l'énergie à la nation portugaise. Il faut
donc que le Portugal soit esclave et avili, et qu'il devienne la
proie de l'usurpateur. Cependant, malgré les hautes combi-
naisons de l'Autriche et de l'Angleterre, don Miguel ne
saurait régner long-temps, et les deux cabinets ligués contre
les institutions données aux Portugais par don Pedro IV,
prévoyant la chute prochaine du tyran, ne veulent en au-

cune manière qu'elle puisse profiter au parti libéral : c'est
dans ce but que le cabinet britannique a dû empêcher la
réunion d'une force imposante, commandée par un général
brave, patriote, chéri du soldat, également odieux aux Mi-
guélistes et à ceux des émigrés qui sont plus opposés à la
Charte qu'ils ne sont contraires à l'usurpateur; car ces der-
niers voudraient bien de don Miguel, s'il voulait d'eux.

En effet, trois à quatre mille hommes sous un tel chef, réunis
à Terceira, auraient bientôt soumis toutes les îles Açores, et
en débarquant en Portugal, ils auraient facilement renversé
le tyran et rendu le trône à dona Maria. Dans ce cas, un
mouvement aurait été imprimé au peuple portugais qui, n'é-
tant point parti du cabinet de Saint-James, ne pouvait manquer de contrarier ses vues ultérieures sur ce pays; et voilà,
ce nous semble, tout le mystère de l'infraction monstrueuse
du droit des gens qui fait l'objet de cet écrit. Le général
Saldanha est un homme franc, loyal autant que brave, il
aime sa patrie, et n'a jamais été l'agent soumis de l'Angleterre;
il a été proscrit par S. W. A' Court; il n'est donc pas étonnant
qu'on ait cherché tous les moyens de l'éloigner. Maintenant
qu'il a le bonheur d'habiter une terre hospitalière dont le roi
et la nation ont fait aux réfugiés portugais l'accueil le plus
flatteur, espérons que, délivrés des intrigues anglaises, ces
braves, fidèles à leur reine légitime, pourront encore servir leur
patrie, en dépit d'Albion et de ses satellites.

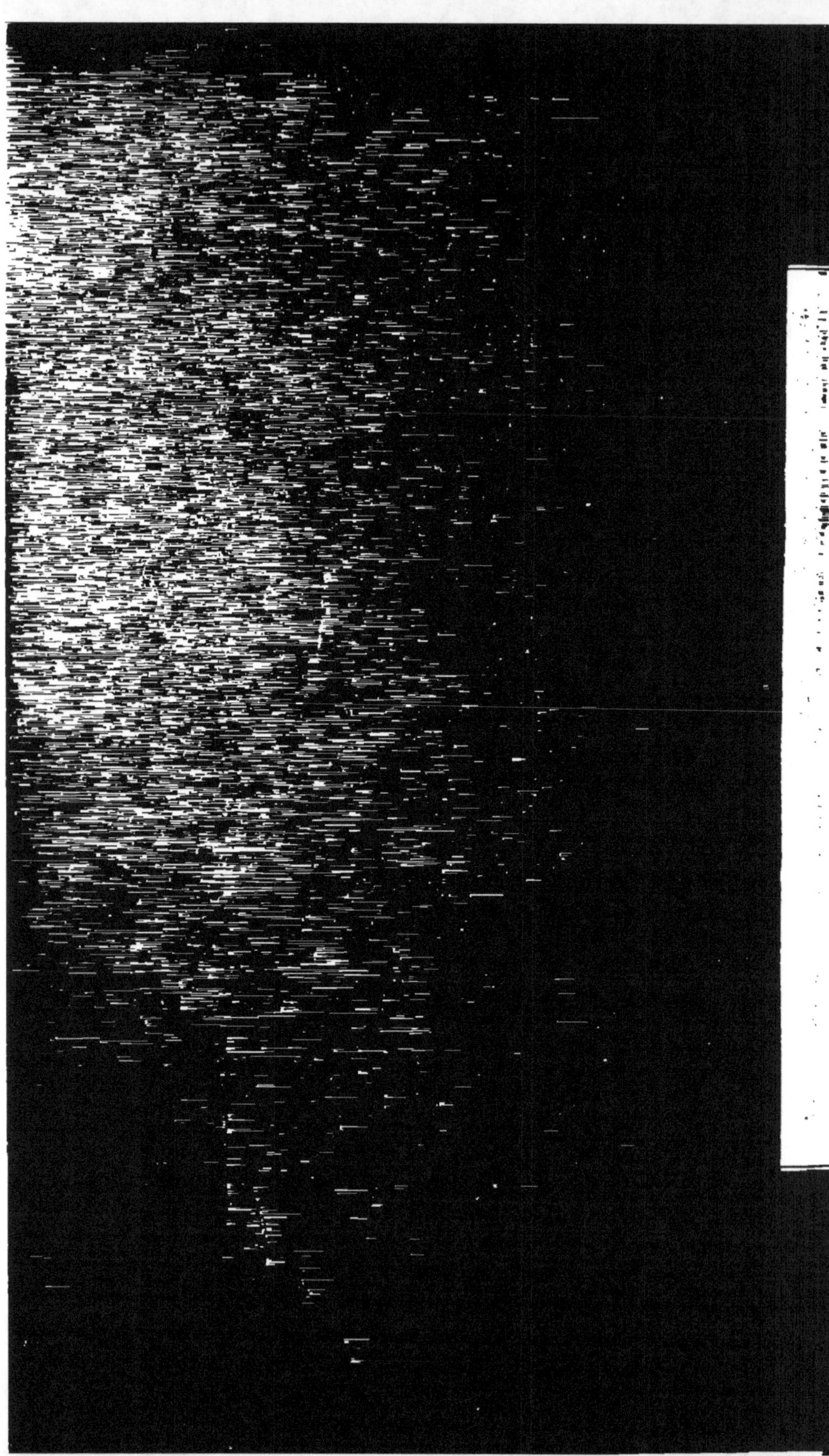